SARABANDE

G. Debussy

rit.
a Tempo
lead
sub. p
sub. mp
lead

B♭ Trumpet 1
SARABANDE
C. Debussy
(1862-1918)
Arranged by David Marlatt
Slowly with elegance ♩ = 62
p
mf
a Tempo
p
mf
a Tempo
pp
mf
mp
accel.
p
rit.

a Tempo
rit.

E♭ Trumpet 1

SARABANDE

C. Debussy
(1862-1918)
Arranged by David Marlatt

rit.
a Tempo
rit.

B♭ Trumpet 2

SARABANDE

C. Debussy
(1862-1918)
Arranged by David Marlatt

rit.
a Tempo
lead
under horn sound
sub. p
sub. p
lead
rit.

F Horn

SARABANDE

C. Debussy
(1862-1918)
Arranged by David Marlatt

accel.
rit.
a Tempo
4
lead
sub. mp
sub. p
mf
f
ff
p
mf
p
mf
p
rit.
p
pp

Trombone

SARABANDE

C. Debussy
(1862-1918)
Arranged by David Marlatt

rit.
a Tempo
mf
p
sub. p
3
mf
f
ff
rit.
pp

Tuba

SARABANDE

C. Debussy
(1862-1918)
Arranged by David Marlatt

accel.
mp
p
a Tempo
3
mf
sub. p
sub. p
mf
f
ff
p
p
p
rit.
p
pp

accel.
rit.
p
a Tempo
mf
lead
f
under horn sound
sub. p
sub. mp
p
mf

rit.
lead
p
f
ff
mf
pp